Elfie Bohne

Fensterbilder
für jede Jahreszeit

ENGLISCH VERLAG

Die Deutsche Bibliothek – CIP-Einheitsaufnahme
Fensterbilder für jede Jahreszeit / Elfie Bohne. – Wiesbaden: Englisch, 1999
ISBN 3-8241-0932-8

© by Englisch Verlag GmbH, Wiesbaden 1999
ISBN 3-8241-0932-8
Fotos: Frank Schuppelius
Herstellung: Michael Feuerer
Printed in Spain

Inhaltsverzeichnis

Vorwort

Dekorative Fensterbilder sind ein echter Blickfang und lassen sich zu jeder Jahreszeit wunderschön dekorieren.
Der Fantasie sind beim Basteln der Fensterbilder keine Grenzen gesetzt.
In diesem Buch habe ich für Sie originelle Ideen zusammengestellt, mit denen Sie ihre Fenster zu jeder Jahreszeit beliebig und individuell dekorieren können.
Für Frühling, Sommer, Herbst und Winter gibt es alternative Vorschläge, sodass für jeden bestimmt das Richtige dabei ist.

Mit diesen originell gestalteten Fensterbildern können Sie sogar Freunde und Bekannte überraschen, denn die Fensterbilder sind nicht nur ein gelungener Blickfang für Groß und Klein, sondern auch ein immer wieder gerne gesehenes Mitbringsel zu jeder Gelegenheit.

Viel Spaß beim Verschönern Ihrer Fenster und natürlich vor allem beim Basteln wünscht Ihnen

Elfie Bohne

Material und Werkzeug

Um die in diesem Buch vorgestellten Fensterbilder nachbasteln zu können, benötigen Sie folgendes Material und Werkzeug:

- ✦ Tonpapier in verschiedenen Farben für die Motive
- ✦ Hobbymesser und Schere
- ✦ Lineal
- ✦ Bastel- oder Alleskleber ohne Lösungsmittel
- ✦ Fineliner in Schwarz
- ✦ Filzstift in Rot
- ✦ Transparentpapier zum Übertragen der Motive
- ✦ Fotokarton für Schablonen
- ✦ Bleistift und Kugelschreiber
- ✦ Nadel und Faden oder Klebestreifen zum Aufhängen der Motive
- ✦ Lochzange zum Ausstechen von kleinen Punkten
- ✦ Schneidezirkel

Bastelanleitung

Übertragen der Schnittteile

Für jedes der vorgestellten Motive finden Sie auf dem Vorlagebogen die entsprechende Vorlage. Übertragen Sie die Motive mit Hilfe des Transparentpapiers auf das Tonpapier.

Legen Sie das Transparentpapier dazu auf das zu übertragende Motiv auf dem Vorlagebogen und zeichnen Sie dann die Umrisse mit einem Bleistift oder Kugelschreiber nach.

Nun wird das Transparentpapier auf das Tonpapier gelegt und die Konturen mit einem Bleistift nachgezogen.

Auf diese Weise drückt sich das Motiv durch und es kann entlang der eingedrückten Linien ausgeschnitten werden.

Eine andere Möglichkeit ist, Schablonen für das Übertragen der Schnittteile anzufertigen.

Dabei schneiden Sie das übertragene Motiv aus dem Transparentpapier aus.

Diese Schablone wird nun auf dem Tonpapier mit Büroklammern befestigt und der Außenrand mit einem Bleistift umfahren. Das so übertragene Motiv kann anschließend ausgeschnitten werden.

Zusammenkleben der Fensterbilder

Es ist empfehlenswert, für das Zusammenkleben der einzelnen Teile Klebstoff ohne Lösungsmittel zu verwenden. Tragen Sie den Klebstoff möglichst sparsam auf, damit er nicht zwischen den einzelnen Schnittteilen des Motivs hervorquillt und unschöne Flecken hinterlässt.

Aufhängung

Die Fensterbilder können mit Pads an die Scheibe geklebt werden oder sie werden an einem Nylonfaden aufgehängt, der mit Hilfe einer Nähnadel eingezogen wird.

Motive rund ums Jahr

Frühling

1. Der Schneemann schmilzt

Material
- ✦ Tonpapier in Gelb, Rot, Blau und Weiß
- ✦ Hobbymesser und Schere
- ✦ Bleistift oder Kugelschreiber
- ✦ Lineal
- ✦ Klebstoff
- ✦ Fineliner in Schwarz

Anleitung

Schneiden Sie zuerst den blauen Rahmen aus, in den Sie dann den Schneemann setzen. Malen Sie dem Schneemann dann mit dem schwarzen Fineliner das Gesicht, die Knopflöcher und die Schmelztropfen auf. Nun fehlt ihm nur noch die rote Nase und die rote Mütze, die Sie aus Tonpapier ausschneiden und aufkleben. Als Letztes platzieren Sie die Sonne schräg über dem Schneemann. Nun geht die Zeit des Schneemanns langsam zu Ende.

2. Osterhase

Material

+ Tonpapier in Weiß, Gelb, Blau, Rot, Grau, Braun, Orange, Hell- und Dunkelgrün
+ Hobbymesser und Schere
+ Bleistift oder Kugelschreiber
+ Lineal
+ Klebstoff
+ Fineliner in Schwarz

Anleitung

Schneiden Sie den grünen Rahmen aus und kleben Sie anschließend den Baum mit dem grünen Laub darauf. Dann schneiden Sie den Osterkorb aus und zeichnen ihm mit dem schwarzen Fineliner die Akzente auf. Im Anschluss daran kleben Sie die bunten Ostereier überlappend auf den Osterkorb. Nun ist der Osterhase an der Reihe. Kleben Sie dem Osterhasen von hinten den Farbpinsel an die Pfote. Auf den Farbpinsel kleben Sie einen Farbklecks, der die Farbe eines der Ostereier hat.

Die Nase des Hasen kleben Sie mit einem roten Tonpapierpunkt auf. Die Zähne und das Hoppelschwänzchen werden aus weißem Papier oder Tonpapier ausgeschnitten und angeklebt, wobei die Zähne von hinten an das Hasenmaul angeklebt werden. Zum Schluss verleihen Sie dem Hasen noch den letzten „Schliff" mit dem Fineliner.

3. Der Sprung in das Tulpenbeet

Material
- ✦ Tonpapier in Hellgrün, Weiß, Gelb, Beige und Rot
- ✦ Hobbymesser und Schere
- ✦ Bleistift oder Kugelschreiber
- ✦ Klebstoff
- ✦ Filzstift in Rot
- ✦ Fineliner in Schwarz
- ✦ evtl. Lochzange
- ✦ Schneidezirkel

Anleitung

Als erstes schneiden Sie 12 Tulpenblüten in Rot und Gelb aus, die Sie überlappend in dem unteren Teil des Kreises platzieren.Fünf der 12 Tulpen werden an einem grünen Stiel befestigt, der ruhig durch eine kleine Lücke zwischen den Blüten hervorschauen darf. Anschließend schneiden Sie den Hasen aus und malen ihm die Gesichtszüge, die Beine, die Arme und die Ohren mit dem schwarzen Fineliner auf. Die Nase können Sie entweder mit einer Lochzange ausstechen oder aber in Form eines roten Filzstiftpunktes aufmalen. Das Hoppelschwänzchen wird von hinten an den Hasen angeklebt. Wenn der Hase fertig ist, wird er am oberen Rand des grünen Kreises festgeklebt. Der Hase springt nun von oben in das Tulpenbeet.

4. Schafe

Material

- ◆ Tonpapier in Weiß, Hellgrün, Dunkelgrün, Rot und Gelb
- ◆ Hobbymesser und Schere
- ◆ Bleistift oder Kugelschreiber
- ◆ Lineal
- ◆ Klebstoff
- ◆ Filzstift in Rot
- ◆ Fineliner in Schwarz
- ◆ evtl. Lochzange

Anleitung

Schneiden Sie den Rahmen aus weißem Tonpapier aus. Kleben Sie das grüne Grasteil von hinten gegen den unteren Rahmenteil. Schneiden Sie nun die Schafe aus und verzieren Sie sie beliebig mit Fineliner. Die Nase der Schafe können Sie mit einem roten Filzstift aufmalen oder aber mit einem ausgestochenen Punkt von rotem Tonpapier aufkleben. Kleben Sie die Schafe nun auf den grünen Rasen.

Als Letztes kommen die Blumen ins Bild. Schneiden Sie hierfür die Blüten und die Blütenstiele aus und kleben Sie sie überlappend auf den weißen Rahmen und den grünen Rasen.

Befestigen Sie dann die Blüten auf den Blütenstielen. Je nach Belieben können Sie den Blüten mit dem Fineliner zusätzliche Zeichnung verleihen.

5. Hühner im Tulpenbeet

Material

+ Tonpapier in Weiß, Hellgrün, Braun, Gelb und Rot
+ Hobbymesser und Schere
+ Bleistift oder Kugelschreiber
+ Lineal
+ Klebstoff
+ Fineliner in Schwarz

Anleitung

Schneiden Sie den Rahmen aus weißem Tonpapier aus und kleben die grünen Blumenstiele überlappend hinter den unteren Rahmenteil.

Anschließend befestigen Sie die Blüten auf den Stielen und verleihen ihnen mit dem Fineliner noch ein wenig Zeichnung.

Zum Schluss kleben Sie nur noch die Hühner vor die Blumen, denen Sie abschließend die gelben Schnäbel, die roten Kämme sowie die braunen Flügel aufkleben müssen. Sind die beiden nicht ein gemütliches Paar?

6. Hahn und Hennen

Anleitung

Schneiden Sie als Erstes den grünen Kreis mit Hilfe des Schneidezirkels aus und kleben Sie dann das grüne Rasenteil auf den unteren Rahmenteil. Den ausgeschnittenen Ast kleben Sie von hinten gegen den oberen Rahmen und befestigen die grünen Blattteile an den Astenden. Den gelben Heuhaufen platzieren Sie in der Mitte des Rasens und zeichnen mit dem schwarzen Fineliner die Akzente. Den Hahn setzen Sie auf den Heuhaufen und zeichnen mit dem Fineliner das Federkleid auf. Platzieren Sie rechts und links vom Hahn die beiden Hennen, deren Federkleid ebenfalls mit einem Fineliner Zeichnung verliehen bekommt.

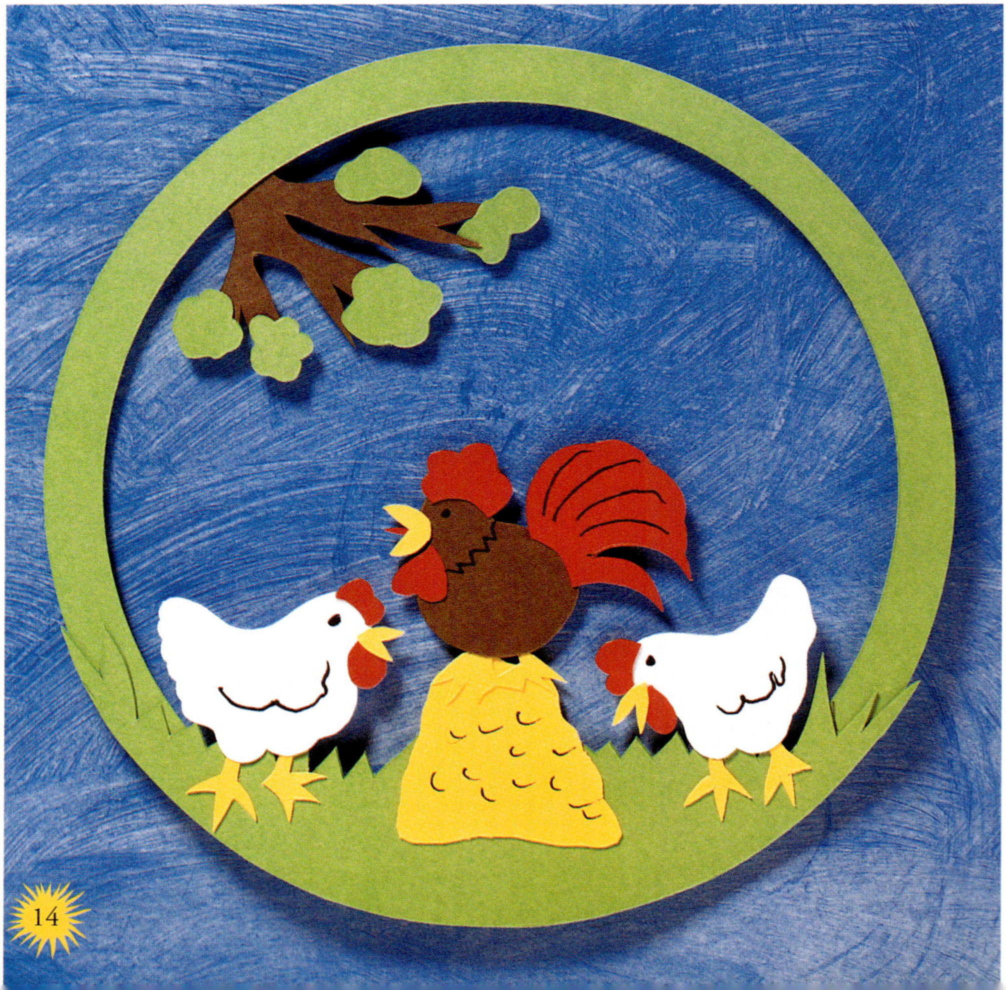

7. Specht und Vogel

Material

- ◆ Tonpapier in Weiß, Braun, Gelb, Rot, Grau, Hellblau und Hellgrün
- ◆ Hobbymesser und Schere
- ◆ Bleistift und Kugelschreiber
- ◆ Klebstoff
- ◆ Fineliner in Schwarz
- ◆ Schneidezirkel

Anleitung

Schneiden Sie mit dem Schneidezirkel den Kreis aus und befestigen Sie anschließend den Baum mit seinem Laub daran. Nun müssen Sie den Specht auf einen Ast des Baumes platzieren und die Akzente des Baumes sowie des Spechtes mit dem schwarzen Fineliner aufmalen. Den Schnabel des Spechtes kleben Sie von hinten an den Vogel an. Zum Schluss schneiden Sie den grauen Vogel aus und kleben ihm seinen gelben Schnabel sowie die gelben Füße von hinten gegen den Rumpf. Malen Sie die Einzelheiten des Vogels mit dem schwarzen Fineliner auf. Den gelben Wurm befestigen Sie abschließend an dem Schnabel des grauen Vogels.

Sommer

8. Angelfreuden

Material

- ✦ Tonpapier in Hell-, Dunkelblau, Braun, Gelb, Rot und Hautfarben
- ✦ Hobbymesser und Schere
- ✦ Bleistift oder Kugelschreiber
- ✦ evtl. Lineal
- ✦ Klebstoff
- ✦ Fineliner in Schwarz
- ✦ Schneidezirkel

Anleitung

Schneiden Sie den Kreisbogen mit dem Schneidezirkel aus und kleben Sie das hellblaue Wasserteil von hinten gegen den unteren Rahmen des Kreises. Den Steg befestigen Sie von hinten am Wasserteil und dem Rahmen. Auf den Steg setzen Sie nun die Figur, der Sie nacheinander Füße, Hose, T-Shirt, Arm, Gesicht und abschließend das blaue Armteil und die gelben Haare aufgeklebt haben. Die Gesichtszüge der Figur sowie die restlichen Akzente des Körpers, malen Sie mit dem schwarzen Fineliner auf. Die Angel setzt sich aus einem roten „Schwimmer", einer blauen Leine und einem braunen Stock zusammen. Diese Angel kleben Sie der Figur zwischen die beiden Hände. Zum Schluss befestigen Sie die Sonne ein wenig versetzt zur Figur auf dem oberen Rand des Kreises.

9. Sonnenblumen

Material
- ✦ Tonpapier in Weiß, Gelb, Hellgrün und Braun
- ✦ Hobbymesser und Schere
- ✦ evtl. Lineal
- ✦ Klebstoff, Schneidezirkel
- ✦ Fineliner in Schwarz

Anleitung

Schneiden Sie zuerst mit dem Schneidezirkel den Kreis aus. Kleben Sie dann von hinten das Grasteil gegen den Kreis. Den braunen Zaun befestigen Sie von vorne an der rechten und linken Seite des Kreises. Nun arbeiten Sie die Blumen, indem Sie auf jede Blüte erst einmal einen braunen Kreis kleben. Danach schneiden Sie die Stile der Blumen aus und befestigen diese von hinten an den Blüten. Alle Blumen werden nun von hinten gegen den Zaun geklebt. Der schwarze Fineliner verleiht dem Gesamtbild die Zeichnung, malen Sie also leicht die Akzente ein. Fertig ist der Sonnenblumengarten.

10. Maulwurf

Anleitung

Schneiden Sie mit dem Schneidezirkel den Kreis aus und kleben Sie anschließend das grüne Rasenteil von vorne auf den unteren Teil des Kreises. Den braunen Erdhügel befestigen Sie von hinten am Grasteil. Nun können Sie mit dem schwarzen Fineliner die Einzelheiten des Erdhügels aufmalen. Platzieren Sie nun den Maulwurf auf dem Erdhügel, dem Sie zuvor eine rosafarbene Nase aufgeklebt haben sowie eine rosafarbene Pfote, das weiße Auge und die blaue Schaufel. Die rosafarbene Nase können Sie mit der Lochzange bequem ausstechen. In das Auge malen Sie mit dem schwarzen Fineliner noch einen Punkt als Pupille und damit die Schaufel noch etwas plastischer aussieht, verleihen Sie ihr mit dem schwarzen Fineliner noch mehr Zeichnung. Zum Schluss müssen Sie nur noch die Sonne auf dem oberen Rand des Kreisbogens befestigen.

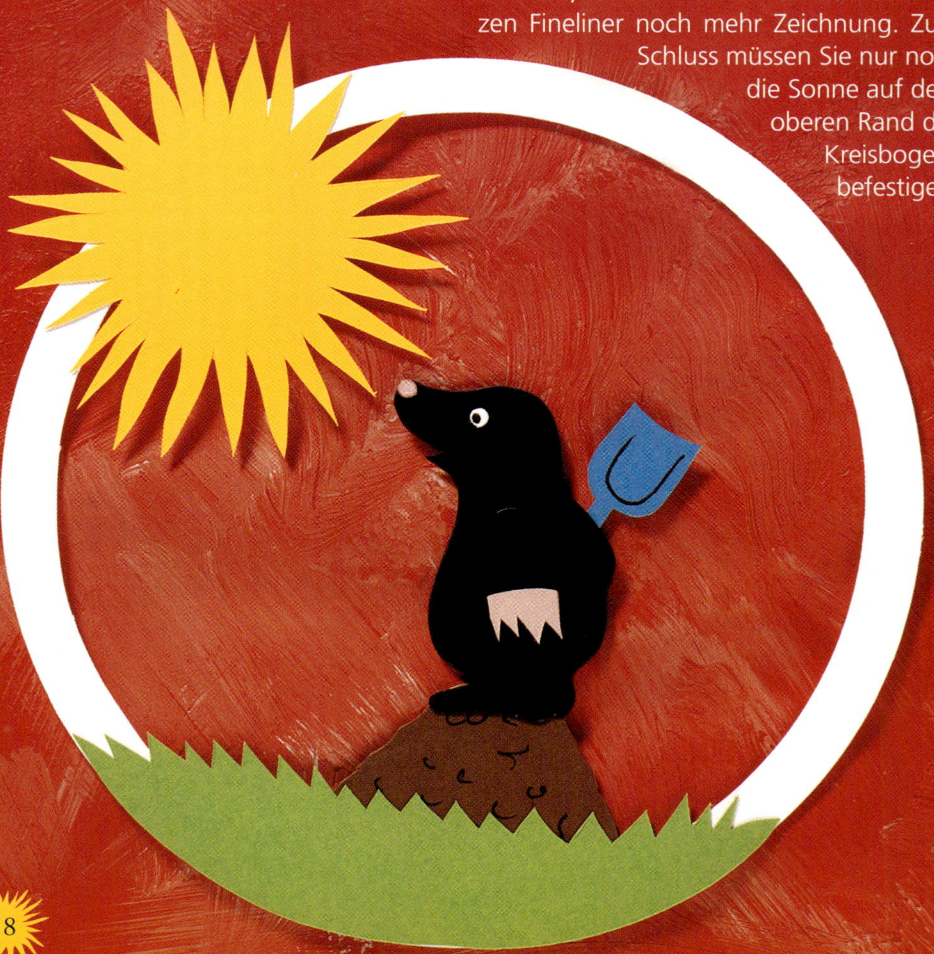

11. Schweinesiesta

Material

- Tonpapier in Rot, Rosa, Hellgrün und Weiß
- Hobbymesser und Schere
- Bleistift oder Kugelschreiber
- Klebstoff
- Fineliner in Schwarz
- Schneidezirkel

Anleitung

Kleben Sie, nachdem Sie den Rahmen mit Hilfe des Schneidezirkels ausgeschnitten haben, das grüne Grasteil auf den Rahmen und auf diesen platzieren Sie dann die Schweinchen. Malen Sie den Schweinchen mit dem schwarzen Fineliner die Körperteile wie die Nase, die Ohren, die Augen die Vorderbeine oder auch die Speckfalten auf. Die Blume hängen Sie von oben am Rahmen auf. Auch ihr können Sie mit dem schwarzen Fineliner Zeichnung verleihen. Die Blüte wird von hinten am grünen Stiel angebracht.

19

12. Sommerhitze

Anleitung

Nachdem Sie den weißen Rahmen ausgeschnitten haben, kleben Sie als Erstes den Baum in den Rahmen. Die grünen Laubblätter des Baumes sind von hinten an den Ästen angebracht.

Nun können Sie den Hund aufkleben. Er liegt so, dass er mit seiner Pfote den Baum ein wenig überschneidet. Das Gesicht wird mit schwarzem Fineliner aufgemalt.

Die Nase kleben Sie am besten in Form eines roten Punktes auf. Das braune Ohr wird ebenso wie die Vorderpfote am Hundekopf befestigt.

Die Hinterpfote muss von hinten am Hundekörper festgeklebt werden.

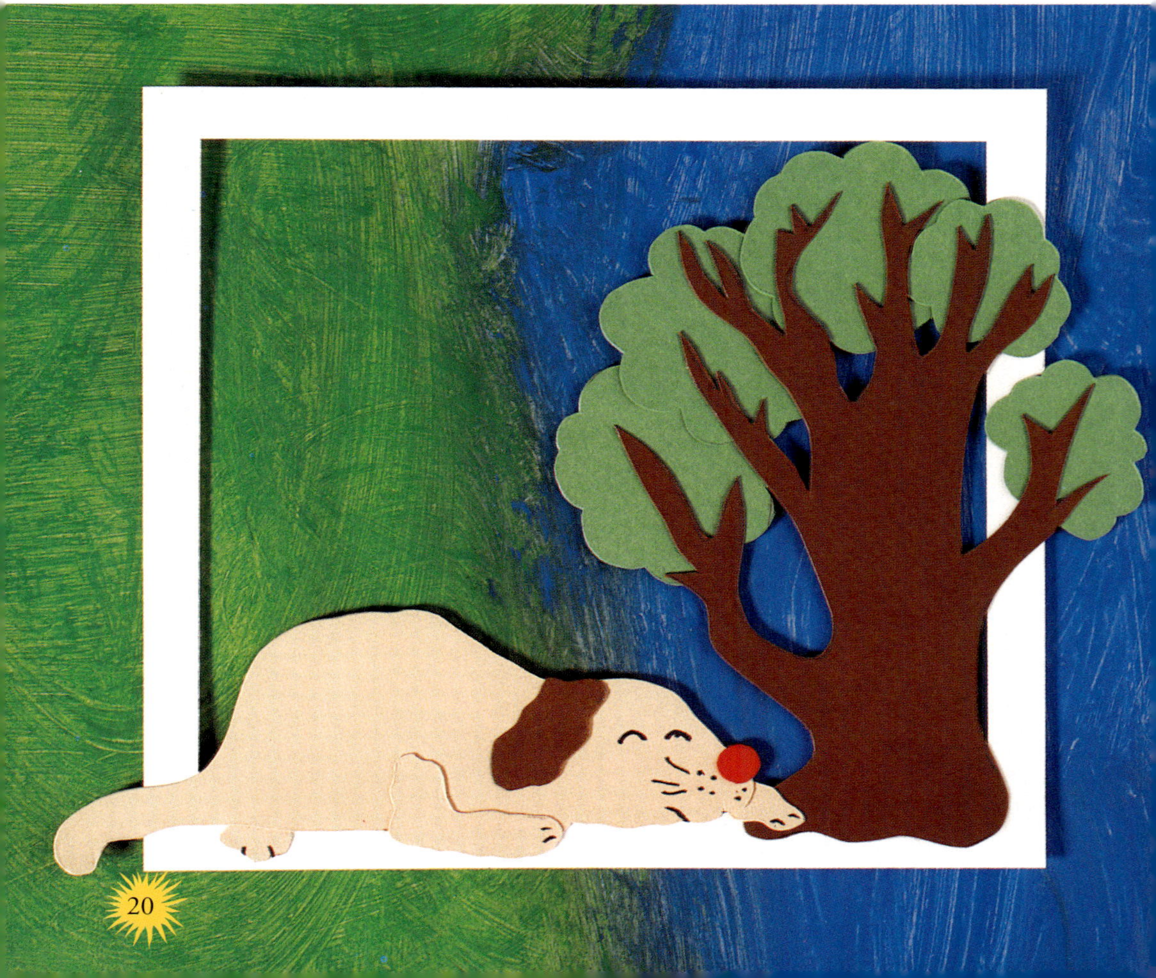

13. Enten

Material

- ◆ Tonpapier in Weiß, Rot, Gelb, Grün und Braun
- ◆ Hobbymesser und Schere
- ◆ Bleistift oder Kugelschreiber
- ◆ Lineal
- ◆ Klebstoff
- ◆ Fineliner in Schwarz

Anleitung

Nachdem Sie den Rahmen ausgeschnitten haben, kleben Sie die fertige Schubkarre in die rechte Ecke des Rahmens.

Die Schubkarre ist so gearbeitet, dass die Wanne der Schubkarre auf dem Halterungsgestell befestigt ist und der Reifen von hinten gegen das Halterungsgestell geklebt wird.

Mit einem schwarzen Fineliner malen Sie die Akzente der Schubkarre ein.

Schneiden Sie nun die vier verschiedenen Enten aus und befestigen Sie sie wie abgebildet auf der Schubkarre, in der Luft sowie auf dem Boden.

Jetzt müssen Sie abschließend nur noch die Gesichter und die Flügel mit dem schwarzen Fineliner aufmalen.

14. Wäsche im Sommerwind

Material
- Tonpapier in Blau, Braun, Weiß, Rot, Gelb und Grün
- Hobbymesser und Schere
- Bleistift oder Kugelschreiber
- Lineal
- Klebstoff
- Fineliner in Schwarz

Anleitung
Schneiden Sie als Erstes den weißen Rahmen aus und befestigen Sie darauf das grüne Grasteil. Nun kleben Sie von rechts nach links die grüne Wäscheleine am Rahmen fest.

Kleine braune Streifen stellen die Wäscheklammern dar, an denen Sie nun eine blaue Hose, einen roten Pulli, eine weiße Unterhose, ein Paar grüne Strümpfe und ein gelbes Unterhemd aufhängen.

Zum Schluss setzen Sie mit einem Fineliner noch zusätzlich die Akzente.

15. Sommeridylle

Anleitung

Kleben Sie das grüne Grasteil auf den gelben Rahmen, den Sie zuvor mit Hilfe des Schneidezirkels ausgeschnitten haben.

Als nächstes kleben Sie den Baum zusammen mit den Laubkronen auf. Hinzu kommt außerdem eine rote Schaukel mit blauen Seilen. Links neben dem Baum befestigen Sie auf dem Grasteil eine blaurote Bank. Malen Sie zum Schluss die Zeichnungen der jeweiligen Gegenstände mit dem schwarzen Fineliner auf.

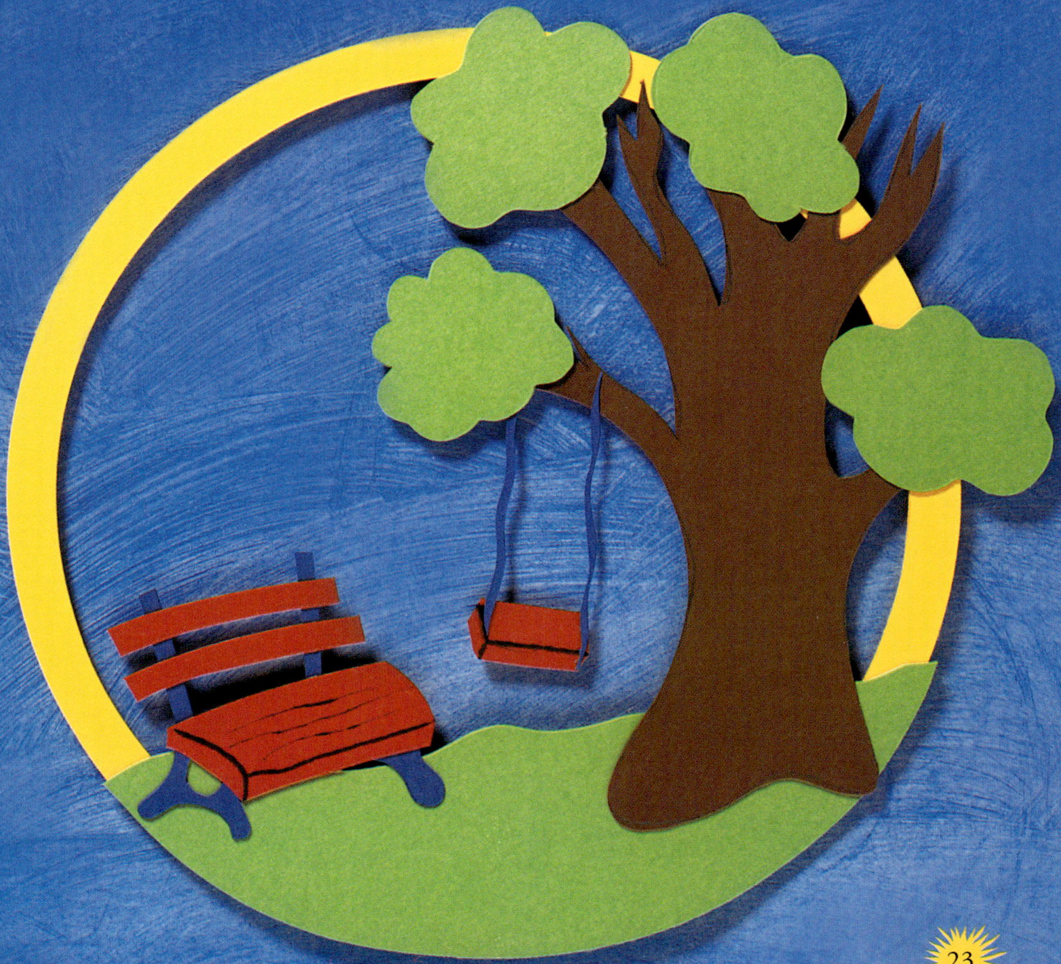

Herbst

16. Eichhörnchen

Material

- ✦ Tonpapier in Orange, Grün, Braun, Weiß
- ✦ Hobbymesser und Schere
- ✦ Bleistift oder Kugelschreiber
- ✦ Klebstoff
- ✦ Fineliner in Schwarz
- ✦ Schneidezirkel

Anleitung

Schneiden Sie die beiden Eichhörnchen aus und kleben Sie sie auf den weißen Rahmen. Malen Sie den Eichhörnchen die Körperteile mit einem schwarzen Fineliner auf. Dem Eichhörnchen in Vorderansicht geben Sie noch wie abgebildet eine Eichel zwischen die Pfoten. Ganz zum Schluss befestigen Sie einen großen Eichenzweig oberhalb der beiden Tiere, den Sie mit dem schwarzen Fineliner bemalen.

17. Vogelscheuche

Material

- ◆ Tonpapier in Gelb, Orange, Grün, Rot, Braun und Grau
- ◆ Hobbymesser und Schere
- ◆ Bleistift oder Kugelschreiber
- ◆ Klebstoff
- ◆ Fineliner in Schwarz
- ◆ Schneidezirkel

Anleitung

Kleben Sie zuerst die Schubkarre zusammen, indem Sie als Erstes die graue Wanne der Schubkarre auf das Fahrgestell kleben und das braune Rad von hinten an der Achse des Fahrgestells befestigen. Beladen Sie die Schubkarre nun mit den Karotten. Im Anschluss kleben Sie sie auf dem Rahmen fest. Nun setzen Sie die Vogelscheuche zusammen. Hierfür befestigen Sie die gelben Füße an der grünen Hose, die Sie dann auf den braunen Stock kleben. Weiter kleben Sie das orangefarbene Hemd der Vogelscheuche über der Hose fest und befestigen anschließend den gelben Kopf, wie abgebildet, zusammen mit dem Hut, von hinten an dem Hemd. Verleihen Sie dem Motiv mit dem schwarzen Fineliner die restlichen Zeichnungen und malen Sie das Gesicht sowie den Gürtel zum Schluss noch auf.

18. Herbstfeuer

Material

- ✦ Tonpapier in Rot, Gelb, Grün, Braun, Orange und Blau
- ✦ Hobbymesser und Schere
- ✦ Bleistift oder Kugelschreiber
- ✦ Bastelkleber
- ✦ Fineliner in Schwarz
- ✦ Schneidezirkel

Anleitung

Schneiden Sie den Rahmen mit dem Schneidezirkel aus und befestigen Sie dann den großen Ast von hinten am Rahmen. Kleben Sie die Teile vom Feuer zusammen und befestigen Sie sie von vorne auf dem unteren Rahmenteil. Links vom Feuer befestigen Sie die Harke und ein vom Herbst verfärbtes Blatt und auf der rechten Seite des Feuers platzieren Sie die beiden Kürbisse und ein weiteres Blatt. Malen Sie nun mit dem schwarzen Fineliner die Akzente auf alle Motivteile und Ihr Fensterbild ist fertig.

19. Hut und Pilze

Material

- ◆ Tonpapier in Weiß, Rot, Braun, Hellgrün, Orange, Beige und Gelb
- ◆ Hobbymesser und Schere
- ◆ Bleistift oder Kugelschreiber
- ◆ Lineal
- ◆ Klebstoff
- ◆ Fineliner in Schwarz

Anleitung

Kleben Sie den Baum mit seinen letzten Blättern in den Rahmen. Den roten Hut versehen Sie mit einem gelben Tonpapierstreifen und kleben ihn am Astende fest.

Unter dem Baum verteilt liegen bunte Herbstblätter und ganz links in der Ecke des Rahmens einige Pilze, wobei Sie die Pilze von hinten gegen den Rahmen und die bunten Herbstblätter von vorne am Rahmen befestigen.

Zum Schluss malen Sie nur noch die Akzente der Bildgegenstände auf.

Winter

20. Katze mit Schlittschuhen

Material
- ✦ Tonpapier in Weiß, Grün und Beige
- ✦ Hobbymesser
- ✦ Bleistift oder Kugelschreiber
- ✦ Klebstoff
- ✦ Fineliner in Schwarz
- ✦ Filzstift in Rot
- ✦ Schneidezirkel

Anleitung
Kleben Sie das weiße Schneeteil auf der Rückseite des Kreises fest und befestigen Sie anschließend im Hintergrund die beiden Tannenbäume und im Vordergrund die Katze mit Schlittschuhen.
Zeichnen Sie mit dem schwarzen Fineliner das Gesicht und die Körperkontur der Katze auf sowie die Nase der Katze, die schon ganz rot vor Kälte ist. Malen Sie sie deshalb mit einem roten Filzstift auf.

21. Schneemann mit Hase

Material

◆ Tonpapier in Rot, Braun und Weiß
◆ Hobbymesser und Schere
◆ Bleistift oder Kugelschreiber
◆ Klebstoff
◆ Fineliner in Schwarz
◆ Schneidezirkel

Anleitung

Kleben Sie das weiße Schneeteil von der Rückseite gegen den Kreis und befestigen Sie anschließend den Schneemann am linken Ende des Schneeteils.

Platzieren Sie den Hasen auf dem Schlitten rechts neben dem Schneemann und malen Sie mit dem Fineliner das Hasengesicht sowie die Körperform auf.

22. Schneemann

Material

+ Tonpapier in Weiß, Hellblau, Rot und Braun
+ Hobbymesser und Schere
+ Bleistift oder Kugelschreiber
+ Lineal
+ Klebstoff
+ Fineliner in Schwarz

Anleitung

Schneiden Sie den Rahmen mit den Eiszapfen in einem Stück aus.

Kleben Sie nun den Schneemann zusammen, indem Sie ihm als Erstes den roten Schal, die braunen Knöpfe, die Pfeife, die rote Nase und abschließend die blaurote Mütze aufkleben. Befestigen Sie nun den Schneemann auf dem Rahmen.

Malen Sie dem Schneemann nun mit dem schwarzen Fineliner das Gesicht auf sowie die Augen, Nase und Mund.

23. Vögel im Schnee

Material

- ✦ Tonpapier in Weiß, Gelb, Braun, Blau
- ✦ Hobbymesser und Schere
- ✦ Bleistift oder Kugelschreiber
- ✦ Klebstoff
- ✦ Fineliner in Schwarz
- ✦ Schneidezirkel

Anleitung

Schneiden Sie zuerst den Rahmen mit Hilfe des Schneidezirkels aus. Kleben Sie dann den Ast quer über den Rahmen und hinterkleben Sie ihn mit den weißen Schneeteilen. Kleben Sie nun die beiden Vögel auf den verschneiten Ast und malen Sie ihnen die Federzeichnung mit dem schwarzen Fineliner auf.